Literatura Brasileira 4

LITERATURA BRASILEIRA
TÍTULOS EM CATÁLOGO

Bons Dias!, Machado de Assis (introdução e notas de John Gledson)
A Semana, Machado de Assis (introdução e notas de John Gledson)
Obra Poética, Renata Pallottini

LIVRO DE SILBION

Bico-de-pena do autor, por Iberê Camargo

CARLOS NEJAR
da Academia Brasileira de Letras

LIVRO DE SILBION

QUARTA EDIÇÃO
COMEMORATIVA DOS 35 ANOS
(1963-1998)

EDITORA HUCITEC
São Paulo, 1999

© Direitos autorais, de Carlos Nejar. Direitos de publicação reservados pela Editora Hucitec Ltda., Rua Gil Eanes, 713-04601-042 São Paulo, Brasil. Telefones: (011) 240-9318, 542-0421 e 543-0653. Vendas (011) 530-4532. Fac-símile: (011) 530-5938

E-mail: *hucitec@mandic.com.br*

Foi feito o Depósito Legal.

Editoração eletrônica: Rafael Vitzel Corrêa
Capa: Johannes C. Bergman (arte-final)
Foto: Etienne Samain

Dados Internacionais de Catalogação na Publicação (CIP)
(Sandra Regina Vitzel Domingues)

N 339   Nejar, Carlos
        Livro de Silbion./ Carlos Nejar. da Academia Brasileira de Letras. — 4.ª ed. comemorativa dos 35 anos (1963-1998). — São Paulo : Hucitec, 1999.
        139 p. ; 21 cm. – (Literatura Brasileira; 4)
        ISBN 85-271-0488-1

        1. Literatura brasileira 2. Poesia I. Título II. Série
                                  CDD - 869.9
                                        869.91

Índice para catálogo sistemático:

1. Literatura brasileira 869.9
2. Poesia brasileira 869.91

Et c'est heure, ô Poète, de décliner ton nom, ta naissance et la race.

Saint-John Perse

>

Nota Inicial

Trinta e cinco anos se passaram desde a primeira edição do *Livro de Silbion*, em 1963. Houve supressão de alguns versos nas subseqüentes publicações com o empenho de aperfeiçoá-lo. Mas o que era retirado na razão, retornava no sonho. E o livro, dentro do tempo, foi-se abeirando mais e mais da primeira versão, que é esta que considero definitiva. Confirmando ser, por vezes, a criatura mais forte que o criador.

Paiol da Aurora, 11 de janeiro de 1999

Carlos Nejar

Sumário

PRIMEIRO CANTO. INVOCAÇÕES 13

SEGUNDO CANTO. LIVRO DA TERRA E DOS HOMENS 21

TERCEIRO CANTO. LIVRO DO SOL 37

QUARTO CANTO. LIVRO DO TEMPO 49

QUINTO CANTO. ODE 63

SEXTO CANTO. INVENÇÃO NO CAOS 79

SÉTIMO CANTO. HOMEM NO CAOS 89

OITAVO CANTO. CONSTRUÇÃO DO SOL 101

NONO CANTO. CONSTRUÇÃO DA NOITE 113

DÉCIMO CANTO. CONSTRUÇÃO DA AURORA 125

TESTAMENTO DE SILBION 135

SOBRE O LIVRO DE SILBION 138

Primeiro canto.
INVOCAÇÕES.

Ton sang et mon sang ne sont que la sève qui nourrit l'arbre du ciel.

Khalil Gibran

1. O inferno era uma casa vazia
   de um outro lado do rio.
   Era uma casa vazia.
   Era uma casa vazia
   num horizonte vazio.

   Longe o rio
   desnudo
   como um morto.
   Que saudades eu tenho
   de ser porto!

   O rio
   estava enxuto
   e sem estrelas
   como um homem
   que espera
   surpreendê-las.

   E as ruas tão amargas,
   sem pálpebras
   nem mãos.
   E as sombras brancas e alongadas
   nasceram num país se estação

   A vida há de chegar.
   Eu vi a vida

Quando a quis abraçar
foi consumida

A noite vai descer.
Eu vi a noite
Quando a fui receber
ficou distante.

O tempo há de tombar
violentamente
como um corpo jogado
na corrente.

E o mar irá deitar-se
ternamente
vendo o sonho do sol
anoitecendo.

Preciso debruçar-me sobre as coisas
para encontrar a fonte que buscava.
Não tenho onde pousar o meu cansaço,
não tenho onde largar a solidão.

Silbion, Silbion,
o inferno se alimenta
de nosso ser oculto.
Quem gostou das raízes,
não desgostou dos frutos.

Silbion, Silbion,
inferno é ter nascido
inferno é ter vivido com as plantas.

Inferno é desfolhar-se lentamente
sem saber onde estamos.

Inferno é ser a terra
em que os vermes e os anjos
se enroscam e consomem.

Inferno é ter nascido,
inferno é ser Homem.

2. Silbion, Silbion,
Não posso libertar-te.
Sou prisioneiro como tu.
Já não posso vestir-te,
estou nu.

Larga teus gestos sobre a areia.
Deixa-os sonhar o que não és.
Se o tempo é aquele olhar
que te rodeia,
é a sombra do mundo
que te vê.

Silbion, estende
as tuas mãos rasgadas.
Tua fome as rasgou
quando era noite.
Tua sede as bebeu
e amanhecia.

Solta os cabelos sobre a vida
para envolvê-la, esquiva.

Teus braços são mastros e são velas
com amarras de fogo entre as estrelas.

A tua angústia ninguém sabe
como um grito esquecido.
Como um grito
se a medida da vida não te cabe.

Silbion, Silbion,
não posso libertar-te.
As minhas mãos são breves
e é tão profundo o poço.

O desespero é um vulto
que veio leve, quando veio o vento.
Dentro de nosso amor
se esconde um vulto.
E foge na floresta
do que somos.

Silbion, Silbion,
nós provamos os gomos
de um fruto que não presta.

Agora, só nós dois,
presos à terra.
Exilados do céu,
buscando o céu.
E tudo o que conosco
pertenceu,
abandonou a terra.

3. Foste ligado
como um cavalo no arado.

Foste cavado
como a terra.

Foste jogado,
semente
na terra.

Foste arrancado
pelas mãos
que te haviam
plantado.

Foste acorrentado
pelos dentes
que te haviam
sangrado.

Foste delatado
pelos lábios
que te haviam
amado.

Foste mordido
pelas feras
que te haviam
morrido.

Foste apodrecido.

Segundo canto.
LIVRO DA TERRA E DOS HOMENS.

1. A terra era áspera,
   a terra era sombria.
   A terra era áspera,
   a terra era sombria.

   A terra era áspera,
   a terra era vazia
   e não havia horizonte,
   não havia paisagem.

   A terra era áspera,
   a terra era sombria
   e não havia árvore,
   não havia frutos.

   A terra era áspera
   sobre a montanha negra.
   E não havia chuva
   e não havia pássaros.

   A terra era muda
   sobre a montanha negra.

   E não havia raízes,
   nem arco-íris-de-fogo.

   A terra era surda.
   Nem a canção do tempo,

nem a canção dos leopardos,
nem a canção do dia.

A terra era vazia.

2. Vi penumbras e silêncios
não vi rosas nem demônios.

Vi serpentes que eram anjos
recobertos de ferrugem.

Conheci além dos ventos,
nebulosas e vertigem.

Vi que a tragédia dos anjos
é um pensamento na noite.

3. O vento lavou as pedras,
mas ficaram as palavras.
O vento lavou as pedras
com sabor de madrugada.

O vento lavou as noites
mas ficaram as estrelas.

O vento lavou a noite
com água límpida e mansa.
Mas não lavou a salsugem.

O vento lavou as águas,
mas não lavou a inocência
que amadurece nas águas.

O vento lavou o vento.

4. Desespero de horizonte.

Desespero de ser ventre.
Desespero de ser terra.

Desespero de ser homem
sobre a montanha desnuda.

5. E não havia mais nada,
nem montanha nem gemido.

E não havia mais nada.
Era um silêncio maior.

Nada era sombra de tudo
na nostalgia do céu.

Plenilúnios de acalanto
na nostalgia do céu.

Plenilúnios e punhais
dentro dos olhos meninos.

Menino de musgo e bronze,
menino cheio de vozes.

E não havia mais musgo
e não havia mais vozes.

A terra era áspera,
a terra era sombria.

6. Os homens eram sombrios,
esfinges de solidão.

Os homens eram sombrios.
Quiseram tecer de sonhos

a água verde dos rios.

Os homens eram amargos.
Quiseram compor o cisne
nas águas verdes dos lagos.

Os homens eram ardentes
como tochas de amaranto.
Sobre o rosto do poente
deixaram rosas de pranto.

Eram terríveis, terríveis.
Contra o céu do esquecimento
lançavam gumes de fogo
e adormeciam no vento.

Os homens eram de vento
(de um vento predestinado).
Braços de ferro no tempo
entre o presente e o passado.

Os homens eram ferozes
como estrelas de ambição.

Mas no tempo primavera,
se primavera chegasse,

eram brandos como espuma,
eram virgens como espada
eram suaves, suaves
como aves de abandono.

Os homens eram de estrela

soprando sobre o canal.
Não era estrela de noite
mas estrela de metal.

Os homens eram de estrela
e não podiam sustê-la.

Os homens eram de treva,
fizeram-se escravos dela.

Os homens eram remotos
no grande túnel de pedra.

Nem alga nem alfazemas
nem junco nem girassol.

Floração ali não medra
longe da terra do sol.

Floração ali não medra.
Tudo o que nasce é de pedra.

O homem nasceu do vento,
mas sepultou-se na pedra.

O tempo nasceu do homem,
mas o homem não é pedra.

O tempo formou-se pedra
na eternidade de pedra.

Um sol compreendeu o homem;
era fogoso e de pedra.

Menino não como os outros,

menino feito de pedra.

Braços, só braços e mãos
na madrugada de pedra.

Os homens donde vieram
com seu destino de pedra?

Que procuravam os homens
na eternidade de pedra?

Eram hálitos de aurora,
luz florescendo caverna?
Eram só pedra.

Talvez fonte, vento-vento,
folhagem sobre montanha,
cintilações, pensamento?
Eram só pedra.

Talvez crianças, relâmpagos,
paredes de som, cantigas?
Eram só pedra.

Rostos ocultos no sono,
barcos de ânsia, velame?
Eram só pedra.

Talvez carícia, sossego,
desejo de despertar?

Eram só pedra de pedra.
Os deuses eram de pedra,

os homens eram de pedra
na eternidade de pedra.

Pedra de aurora, mas pedra.
Os homens eram pedras.

Lábios de pedra, mas pedra.
Os homens eram pedras.

Ventre de pedra, mas pedra.
Os homens eram pedras.

Noite de pedra, mas pedra.
Os homens eram pedras,
os homens eram pedras.
Os homens eram pedras.

Eram as pedras, as pedras.
Eram as pedras.

7. Inventar constelações
não era tarefa leve;
era tarefa de luz
sobre a montanha do espanto.

Não era fácil tarefa
decifrar os alfabetos,
nem a mensagem da terra
que está tão longe, tão perto.

Mas era fácil tarefa
cobrir de névoas a terra,
florescer dálias de sangue,

semear sementes de guerra.

Mas era fácil tarefa
despojar corpos de nuvem,
mastigá-los, torturá-los.
Vomitá-los em seguida.

Pisoteá-los com cavalos,
galopando sem medida.
Galopando sobre a vida.

Desvairar a ventania
nos casebres e nas casas,
para além dos alicerces,

onde o tempo não se exerce,
nem a noite, nem o dia.
Cavalgando, cavalgando.

Cavalgando sobre a noite,
cavalgando sobre o dia.
Destruir é coisa fácil.

Construir quem poderia?
Construir sopro de noite,
construir a luz do dia?

Destruir com rodas longas
de automóveis e de cisnes,
o silêncio que há nas sombras,

o cansaço que há nos homens
que a si mesmos se trucidam,

que a si mesmos se consomem.

Construir quem poderia?
Desatar leões do signo,
libertá-los contra o vento,

contra o céu em movimento,
contra a noite, sobre o campo.
Contra o raio, contra o vento.

Não era fácil tarefa
construir o amanhecer.
Era tarefa de luz,
era preciso morrer.

8. A resposta não existe.

A resposta não existe
sobre a cidade cansada.

A resposta não existe
no desespero do mundo.

A resposta não existe
nas baionetas.

A resposta não existe
sobre os lábios ressequidos.

A resposta não existe
nesta terra sem resposta.
Nesta terra, corpo inerme.

9. Nossa é a miséria
nossa é a inquietação incalculável,

nossa é a ânsia de mar e de naufrágios
onde nossas raízes se alimentam.

Em vão lutamos
contra os grandes signos.

Seremos sempre
a mesma folhagem
de madrugada ausente.

O mesmo aceno imperceptível
entre a janela e o sonho.

A mesma lágrima
no mesmo rosto vazio.

A mesma frase
dentro dos mesmos olhos
sob a fonte.

Seremos sempre
a mesma dor oculta
nas árvores, no vento.
A mesma humilhação
diante da vida.

A mesma solidão
dentro da noite.

A mesma noite antiga
que separa
a semente do fruto
e amadurece

os lábios para a morte
como um rasto
de silêncio no mar.

10. Os lábios não compreendem,
os lábios não saciam.

Os lábios recompõem
o mundo obscuro,
mas não sabem
de rosas sobre o muro.

Os lábios desconhecem
o teu nome.
Mas sabem que tu existes
no invisível.

11. Das selvas que te viram pequenino
como um musgo de céu amanhecido
entre o rinchar das águas e o destino,
que te resta?

No campo de sonhar o sol cansado,
uma pergunta longa se dilui:
que te resta?

Tudo cai, tudo rui, tudo anoitece.
A certeza te atrai para a incerteza
de contemplar a dor que te padece.
Do ritmo, das conchas, da beleza
que te resta?

Da sombra que ilumina tua sombra

de liquens e de aroma, rio e anjos
expulsos pelo Rei ao entardecer
na multidão das pombas,
que te resta?

Do ventre que se deu para o teu corpo,
da força que acendeu o movimento
de remos e de naus dentro do vento,
que te resta?

O mundo começou na solidão
e cresceu entre as ervas
como um vulto de pássaro, de nuvem.
Que te resta?

O inverno não deixou que despertasses
ao sopro de uma aurora mais serena
e as árvores contemplam.
Que te resta?

12. Deus está morto.
    Deus está morto na rua,
    Deus está morto nas casas,
    Deus está morto nas praças,
    Deus está morto.

    Deus está morto nos homens,
    Deus está morto nas veias,
    Deus está morto nos olhos.
    Deus está morto.

    Deus está morto no mundo.

Deus está morto na tarde,
na manhã, no anoitecer,
nos quatro pontos cardeais,
no vento, nas catedrais.
Deus está morto.

Deus está morto no ventre
das mulheres, nas crianças.
Deus está morto no grito
das montanhas, dos penhascos,
da neblina, do silêncio.
Deus está morto entre nós.

Deus está morto na chuva,
na sala cheia de gente.
Deus está morto no povo
como um soluço profundo.
Deus está morto.

Não venham sangrar raízes,
não venham rasgar as vestes,
não venham cantar aos pássaros
que a liberdade é uma flor.

Não venham.
Deus está morto.

Deus está só
no vazio.
Deus está morto.

Terceiro canto.
LIVRO DO SOL.

As muitas águas não puderam extinguir o amor, nem os rios terão força para o submergir.

Salomão. *Cântico dos Cânticos,* 8,7-8

1. As coisas existem além delas.
Não padecem, nem sofrem,
mas existem
e projetam a sombra nas janelas.

Penetrar a substância que as anima
como a noite as embala no seu ventre,
como a noite as concentra e precipita,
não tem asas nem plumas.

Só silêncio
sonoro como as algas.
Só silêncio
de astros
na caverna.

As coisas nos prendem
junto a elas;
nos contemplam,
nos amam
mas nos prendem.
E ficamos calados
na amurada,
vendo as coisas
pensarem
no que somos.

2. Somos nada.
E o nada nos consome,
nos abraça, nos vence.
Somos nada.

Somos asas fechadas para o vôo
ao som de estranhas músicas,
de gerações emersas, ou parques
estendidos para o mar.

As fronteiras divisam nosso sangue.
Julgamo-nos libertos, mas não somos.
O clamor das cidades nos incita
para a fuga. O clamor das cidades
nos esmaga e as máquinas
trituram nosso sonho.

Somos nada. Os frutos
se reúnem para a noite.
Condenados tecemos a cadência
das conchas, das areias, dos espaços.
Virão depois de nós homens, mulheres
que hão de quebrar cadeias, nuvens, medos.
Mas nunca hão de rasgar as rochas nuas
de um século maior do que a montanha.

Nas ondas somos barcos enlunados;
nos olhos somos sais, peixes, minutos;
nos braços somos gestos que apodrecem.
Ninguém nos elucida para o mundo.

Chorar é tão inútil como um menino morto
sobre as rosas. E o nada que nós somos
mais inútil que o sepultamento de um menino.

Perdemos o roteiro de ser homem.
A dor que nos gerou ficou escrita
no deserto, no fogo, nas estradas.
Vestimo-nos de auroras e veludo,
de chuvas, estrelas e purezas.
Vestimo-nos de tudo e nada somos.

A morte se repete em nosso rosto;
escondemos a morte e nada somos.
O abismo nos convida para o sono;
escondemos o abismo e nada somos.

Sentimo-nos sem mãos e acariciamos
as estações, os meses, as semanas.

Nós amamos a vida e nada somos.
Ancoramos no amor e não amamos
a não ser o que somos. E o que somos?

Nós buscamos na carne o esquecimento,
a ferrugem dos ossos, o abandono.
Nós buscamos no amor o esquecimento,
a infância que tivemos entre os anjos,
o domínio do fogo e da poesia,
o mistério que flui entre dois corpos.
As florestas que os unem no delírio.

Dia a dia mudamos como um rio.
Corremos entre as pedras e mudamos
na epiderme, no ar, nos olhos gastos.

Nós cansamos de tudo e nada somos.
E o que somos dissolve-se no tempo,
e o que somos a noite nos retira
sem deixar um sulco de navio.

3. Homem de todos os dias,
refém de todos os desejos,
vem, vem como barco,
vem para a linguagem do amor
sem templo nem montanha,
acima das circunstâncias de fogo
e a matéria que rói o nosso rosto.

Silbion, aprende a conversa
dos bichos e das flores,
os segredos das nuvens,
das madrugadas e dos rios.

Verás pelos caminhos
(ou não verás)
uma ternura branda de água
e nos campos, os bois de paina,
azuis, pascendo o céu

4. Silbion, contempla os astros.
Se os astros não existem,
contempla-os da mesma maneira.

A existência das coisas
não procede do vento, nem dos astros.
É o brotar de sangue.

Os pássaros emigram
para a certeza das árvores.
Emigram na geração
das flores e da luz.

Vozes a caminhar
dentro da seiva, dedos de susto
nos caules e nas hastes, redenção
de sombras avançando a madrugada.

5. A madrugada não se prende às coisas.
Está solta, desnuda-se no lume
de pássaros-crianças, de corpos
que se aquecem junto ao fogo,
de ventres que se esquecem junto à noite

A madrugada se estendeu nas casas
e se fundiu no ritmo de tudo;
no baque das âncoras, nas grutas
onde os anjos retêm os sonhos mudos.

A madrugada caminhou nos campos,
nas eiras, nos vergéis, nos velhos muros.
A madrugada surpreendeu as rosas
que, Silbion, inventaste no silêncio.

A madrugada se amoldou à terra
sem vislumbre de mancha, nem aroma,

nem desenho nas praias, nem herança.

A madrugada se entregou à terra.

6. Sepultam-te no mar
com seus jardins:
os dias são mais puros
mais imensos.

Sepultam-te no mar
entre as medusas e os corais.
Sepultam-te no mar.
Os caminhos escorrem mais felizes
onde a promessa não retorna mais.
Sepultam-te no mar.

7. Conheces o pretérito das sombras
e o futuro das águas a crescer.
E as grandes águas a crescer no caos,
nas ruas, nas cidades, nos abismos.
E as grandes águas a crescer em nós.

Ó multidão de faces florescendo
nas esfinges do Rei (e as águas crescem)
e as gerações de espuma ressurgindo
nas praias da manhã cheia de tendas.

As águas rolam sobre o mundo.

8. Tudo o que sou não sei. Onde
meus gestos me limitam?
E as águas engolem. O vacilar
da terra sob o choque, os braços

do relâmpago no rio. E o raio
mal dormido nas árvores
de chama e de silêncio.

As águas devoram.

9. Adormeces o sono como um fruto
no seio de outro fruto. E uma cidade
carregada de horas.
E uma cidade: mulher
que espera o homem. Porta
entre o desejo e o mar.

De formas brancas e soluços negros,
outras cidades carregadas de horas.
E a medida do sonho não tem musgo,
nem tempo, nem paisagem
sobre as águas.

10. Silbion estava mudo no meu quarto
(um pássaro no seio de outro pássaro).

Silbion, vento que passa
na memória, grito
que sangra sem memória.

11. Ninguém há de impedir o teu encontro
com as árvores e as pedras.
O sangue aquecerá o sêmen das árvores
e o rosto, o rosto assalariado de segundos.

Tu não serás tu — mas as árvores e as pedras.
Os homens passarão e não compreenderão

que a terra não nasceu para as carícias fáceis.

A verdadeira terra não existe na terra.
Somos povoados de sinais e de falésias.
Entre as tormentas penetramos nus
nas folhas e na seiva.

Os homens sorrirão para o ruído
sob a casca, no entanto a terra são as árvores,
e as pedras, a infância e o sofrimento,
como uma noite morta além de nós,
nas árvores, nas pedras.

A terra é nosso amor e a outra margem.

12. Que é o amor? E quem o trouxe?
Sopro de luz na oferenda dos troncos,
na anunciação dos ventos e das rosas.

Quem o trouxe tão manso
para o centro da noite?

Quem o trouxe como um golfo
de sol sobre as Américas?

Ah! Tanto amor navegou na penumbra
fria, fria, na penumbra dos séculos vencidos.

13. Não indago.
Indagar é esquecer.
Não esqueço.
Amor é terra
em que floresço.

14. Silbion, em teus olhos azuis dentro da tarde
    esconde a minha infância.
    Não a quero rever, nem a seus rios,
    nem as pedras inúteis e os domingos.
    Esconde a minha infância nas cavernas.
    Nem que seja no ermo dos abismos.
15. Eu só desejo recolher teu amor
    no absurdo das águas.

    Tu és minha única medida.

QUARTO CANTO.
LIVRO DO TEMPO.

1. No início foram os ventos.
   E uma aridez virginal alastrou-se mais viva,
   névoa sobre a mesa.
   E os ventos chegavam como um Rei
   a seu reino.
   Os ventos se encontravam no caos
   e não havia mensagem.
2. Tudo era imóvel. E os ventos chegavam
   como um deus com seu féretro de anjos.
   Um deus de névoa
   que se estendesse na névoa
   não trazia mensagem.
3. A noite estava completa.
   A superfície das coisas não era a superfície
   das coisas. E as montanhas e os rios não eram
   as montanhas e os rios. Era o caos que embuçava
   a noite e ela estava completa, noiva
   para a noite, caos para o amor.
4. Onde estavam as águas, as planícies?
   As fontes onde estavam, as árvores e os rios?
   A chuva, as estações, onde estavam?
   Não havia mensagem.
5. Que seria de nós sem as árvores e os rios?

Que seria de nós sem as aves e a chuva?
Que seria de nós sem os montes, as campinas,
o sol e o mar?

Que seria de nós que não somos?

6. O caos estava imóvel, como um deus morrido
com saudade de si mesmo.
7. Deus não estava morto.
Deus era o pensamento, o desejo, a potência.
Deus era a força e o amor, era o sexo e o mar.
Deus estava imóvel sobre o caos imóvel
como mulher que se contempla.
8. Depois os círculos brilharam flocos de fogo.
Os braços, as mãos, os lábios e os olhos
eram névoa de fogo. E surgia um enorme leão
de névoa e fogo que rasgava as vísceras do vento.
Sangrava. O caos sangrava e o pensamento
dos homens sangrava no espírito de Deus,.
Não havia mensagem
9. Deus sangrava no caos.
10. No início foram os ventos
E o caos formava as linhas de um mesmo rosto.
O caos e os ventos se amaram
nos antros de névoa.

O caos e os ventos
formavam as linhas
de um rosto.
11. Era o tempo

e brotava do amor.

12. Subitamente o caos tornou-se um pássaro
de plumas líquidas
e os demônios que vagavam na névoa
estremeceram de amor
porque era visível aos olhos
a nova aliança das águas.
13. Quem somos
para inventar as águas?
E as águas fluíam do pássaro.
Quem somos
para tecê-las, límpidas e puras?
Quem somos,
se as queremos tão castas
para o beijo?

As águas nos separam, Silbion.
As águas nos devoram, Silbion.
Nos seus lábios naufragam marinheiros,
nos seus gestos tão claros submergimos.

As águas nos devassam como pálpebras,
as águas atravessam como espadas,
as águas só podemos desejá-las
quando nós as tivermos possuído.
14. Deus estava nas águas
como um feto no ventre da mulher.
Mas não dependia das águas,
nem da mulher.

Deus voltava à infância
que não teve.
Deus voltava à terra.
E a terra de Deus
é em si mesmo.

15. Deus está dormindo, Silbion.
Como é formoso Deus!
Deus está sozinho, Silbion.
Como é duro ser Deus!
Deus está cansado, Silbion.
E como está errante Deus!

Quem poderá despertá-lO?
O vento? Tu? Ninguém?
Quem poderá compreendê-lO, Silbion?
Quem? Os ventos? Ninguém.

16. Os ventos não O compreendem;
levavam cisnes nos ombros.
As águas não O compreendem;
eram tão tristes as águas.
As noites não O compreendem;
levavam cisnes nos ombros.
Os anjos não O compreendem;
eram tão tristes os anjos.
Os homens não O compreendem.
Só sabem dizer "Senhor, Senhor"
e calar as palavras.

17. Tenho pena de Deus

que vai morrer em nós,
tenho pena de suas praias
que vão morrer junto ao mar,
tenho pena do mar que se levanta
para amparar-nos em seus ombros verdes.
Tenho pena de outro mar que caminha conosco
como uma jovem mulher.
Tenho pena de ti, mulher,
de teus horizontes e abraços,
de tua pureza oculta,
da maneira de sorrir ou de chorar.
Tenho pena de ti, mulher das águas,
esposa do tempo, porque trazemos
um cansaço que não poderás abrandar.

Tenho pena dessa morte
para sempre.

Mas a contemplação do mundo é tua morte
e as coisas foram geradas pela dor, pelo cansaço.
A terra foi gerada pela dor, pelo cansaço.
E apenas dor e cansaço nos surpreendem.
A morada do amor é apenas dor e cansaço
e nosso amor, mulher das águas,
esposa do tempo, é apenas dor e cansaço.

Por isso tenho pena de todas as coisas.
Tenho pena dessa morte
para sempre.

18. Terra
    imensa concha
    à espera do pólen.

    Terra
    canal de treva
    à espera do sol.

    Terra
    garganta
    de fome e sede.

    Terra
    túmulo aberto
    à espera.
19. Estamos em terra estranha,
    dispersados na paisagem.

    Sentimos que tudo é novo,
    sentimos que tudo é vivo.
    Deus é vivo e habita o caos.
    O mundo é vivo,
    dispersado na paisagem.
20. Não. Não podemos estar separados do Todo,
    Nem nos perder no Todo
    como um náufrago exausto.
    E o desespero é encravar-se nas encostas
    como um náufrago exausto.
    E ver que se afastam de nós a luz e a sombra.
    E mergulhamos na sombra

como um náufrago.

Destino de sermos náufragos
no princípio das águas,
destino de sermos anjos-homens
no princípio das águas,
destino de contemplar
o princípio do mundo
nos olhos, nas raízes, nos sentidos.
Destino de não podermos dizer às águas
que cessem de subir.

21. Nos queremos selvagens e tristes.
Mais selvagens e tristes que as árvores.
E as montanhas, colinas e rios
estão em nós, os vulcões, a chuva,
o vento estão em nós,
como a noite está em nós.

Grande mar!

22. Somos a noite do primeiro dia,
a noite mais poderosa
que o primeiro dia.
Existimos, conosco
os dias existem.

Somos a ilha íntima.

Se o caos ficasse um pássaro,
seríamos um pássaro.
O caos se transformou em montanhas, planuras

e rios; iluminou-se o céu de gaivotas e corças
como um milagre.

Pousamos entre o princípio e o fim.

23. O mar é retorno.
A infância, um palácio no exílio.
A infância é retorno.
O mar é um palácio no exílio.
A infância do mundo é um exílio.
24. Nações se reúnem como um rebanho,
como um rebanho inumerável se derrama
em torno dos rios
e uma espada terrível avança.

Silbion, estas cidades se levantarão do caos
e caminharão ébrias à beira do século.

O século tomará a forma de um arcanjo.
25. Silbion, aqueles que chorarem
não serão consolados.

Somos o século e a ruína.
Existe dentro de nós
uma estrela imponderável.
É preciso distribuí-la
mesmo entre fogo e morte.

Somos o fogo e a morte,
a terra e os campos.
À nossa sombra

        floresceram rios.
26. E o mar é uma mulher comigo.
27. Fui o caos e o princípio das águas.
    À minha margem os povos
    estenderam as tendas e seguiram.
28. A preparação é longa
    ninguém nasce de si mesmo.

    A preparação é longa
    como virgem se prepara
    para as bodas.

    A preparação é longa,
    mas se cumpre num só dia.
29. Habitaremos as terras,
    cultivaremos o solo
    (e ficaremos mais sós).

    A preparação é longa.
    E as cidades se preparam
    para o ritmo do mar.

    As cidades se fazem
    ao sopro das brisas longas.

    A preparação é longa,
    mas a tristeza é maior.
30. Doces bois nos arrastam
    sobre o veludo da terra.

    Árvores cavam a sombra

sobre o veludo da terra.

A preparação é longa
sobre o veludo da terra.

A preparação é longa
feita somente na sombra.

31. Seremos,
    seremos sempre
    alimento de outros homens?
    Alimento de outras terras?
    Alimento de outros rios?

    Seremos, seremos sempre
    esta igualdade dos dias?

    Seremos, seremos sempre
    desde o princípio dos homens?
    Desde o princípio das terras?
    Desde o princípio dos rios?
32. Tenho o dorso ensangüentado
    e as mãos pesadas.

    Vimos o que os olhos ouviram.
    Ouvimos o que os olhos viram,
    sentimos abrir-se um jardim todo branco
    com exército de pombas ressurgindo
    de um arroio de fábulas.
    E nossos sentidos eram meninos
    que brincavam numa gangorra.

Afundamos na memória de Deus.
Nossos sentidos eram meninos
e dormiam junto à fonte.
Afundamos na memória de Deus.
33. Somos a memória.
Nossos sentidos transbordam
como um porto de marujos e barcos.
Somos a fraternidade,
a fraternidade dos homens
na dor e na guerra.
Somos a fraternidade
mais terrível do que a guerra.
Somos a guerra.

QUINTO CANTO.
ODE.

À Maria

1. Amada, a morte existe
   e eu te quero íntima na morte.
   As trombetas ressoaram.
   Turbilhão de centauros, migrações,
   unicórnios de lírios.

   Mas eu te quero íntima.
   As trombetas ressoaram,
   mas eu te quero íntima.
2. Os animais de grama e de sílex
   contornavam aldeias de tapume,
   amontoavam os favos e as amêndoas.
3. Na primavera lacre
   eu te quero íntima.
   Na primavera fria
   eu te quero íntima.
   Na primavera fera íntima,
   fera eternidade
   gera
   fera íntima
   Eternidade espera
   a sua vítima.
   Enquanto a noite vela
   eternidade espera

a noite fera.
Enquanto a noite vela
eternidade espera.
4. A primavera
rompe cadeias.
Flui do esqueleto
medula
de rosas trêmulas;
beijo
de virgem úmida,
fruta
destilada nas colmeias,
violenta no presságio,
violenta no cuidado
em que os mortos
se confundem.

Segue trânsito
de tigres
e o som puro
recomeça de palavras.
E as palavras
ficam mudas
no seu túnel.
5. O anjo deitado no fundo da montanha despertou.
O anjo sepultado no fundo do céu ressuscitou
e ambos de mãos dadas construíram no céu
uma rosa imperecível.

Construíram: Aurora.

6. Os quatro ventos lutavam entre si,
   touros de fogo
   rasgavam-se com aspas
   e o mar colhia rosas
   como um demônio sáfaro,
   como um demônio-pássaro.

   Aurora sempre aurora,
   aurora dos simples, dos desaparecidos.
   Aurora dos homens.

   E os homens em legião se aproximavam
   como manadas de rios que pastassem a noite.

   Aurora não era nome de mulher
   nem era mulher dos rios.
   Aurora era irmã de todos os rios.

   Os rios se ajoelharam
   de rosto voltado para a infância.

   Aurora assentou-se nas nuvens
   como pomba incendiada.

7. Amada, vê os homens,
   o grito sobre os ombros.
   E os olhos celétricos
   e doces como sementes
   da aurora.

8. Os pensamentos serão árvores na noite,
   árvores gloriosas.

Os pensamentos se estenderão
nas grandes cidades
e não serão moços nem velhos.
Terão a idade da chuva,
das sementes, das coisas,
das mulheres à espera
de um parto luminoso.

Os pensamentos uivarão como lobos
no penhasco e assaltarão o sono das palavras.
Os pensamentos serão rudes e sublimes
e embalarão os homens
como a recém-nascidos.

9. Aurora
na garupa dos anjos.
Montava
nos elefantes de vento.
Subia
nos andaimes do dia.
Floria.
Tombava,
corpo absurdo
no éter surdo.
Floria
o osso da noite
nos dentes do dia.
Mordia. Tombava.
Na noite dos ossos

      o osso do dia.
      Floria.
      Tombava
      e a noite
      aumentava
      no dia.
10. Esquecerei minha face.
      Esquecerei todas as faces
      e as palavras que geraram
      todas as faces.

Com a paixão dos arroios e das orlas,
constelado e sem palavra,
eu virei me estirar, gaivota mínima,
no teu princípio de penumbra e rosa.

11. Eu te amo como és.
      Só não desejo alimentar-te com o meu desespero.
      Uma lanterna acendeu-se nas bordas
      de tua montanha como gargantas
      que se iluminassem ao eco bem amado.

Subitamente fiquei à espera
de teu silêncio e da tua noite,
mas vi que de teu silêncio
emergia um rosto sem nome
e a tua solidão era enorme.

12. Não te amo pelo nome.
      Se não fosses Silbion,
      terias outro nome.

Terias nome de planta,
de ave, de mulher.

Mas como filho do mar,
o teu ritmo são ondas
redondas e azuis
que se quebram na praia.

Eu te amo como és.
E tentas comunicar-me
os teus movimentos.
Quando os anjos resplandecem
e contemplam a primeira estrela,
verbenas rebentam no teu nome.

13. A estrela assentou-se nas nuvens.
A face era uma água profunda.
O olhar, um rio de golfinhos que fluía do céu.
Mas o corpo escamado de marugem
parecia ser do rio, não do céu.
A estrela assentou-se,
mulher incendiada.

14. Eu te amo como és
com todos os teus elementos.
O sofrimento é mais puro
e a alegria dos homens
não é real.

Eu amo tuas alegrias
mas amo muito mais

teu sofrimento.

Eu amo tua infância, os sábados de orvalho;
eu amo tua infância, patinetes azuis,
andorinhas de feltro.

Eu amo muito mais teu sofrimento.

15. Tudo virá comigo.
Tudo se acenderá comigo,
porque em meus braços existem
madrugadas profundas
e em meus olhos, vertentes
de pombas cantam.

16. Sinto que te amo como és.
E o amor é uma coisa terrível.
As trombetas já ressoaram;
mas o amor é uma coisa terrível.

Amai-vos uns aos outros;
mas o amor é uma coisa terrível.

O amor, amada é uma coisa terrível
e é preciso alimentá-lo todos os dias,
como um monstro se alimenta
de carne e de fogo.

17. A infância é uma menina deitada na rede;
a morte é a rede de meu corpo no teu corpo.
Eu me embalarei na tua infância,
eu me embalarei na tua morte.

18. Tenho medo.

Tenho medo de ser tão completamente medo
que tudo se apague,
porque a felicidade não é a minha ilha
nem minha linguagem.

Tenho medo de diluir-me na tua linguagem
como um sopro no vento.
Mas o amor é o escândalo da unidade quebrada
entre os faunos e os anjos.

19. Eu te amo como és
e nosso amor não depende da carne
como a carne depende do amor.
E a intimidade da alma
é a intimidade do mar.

Não te desejo diferente nem mais bela,
nem que te vergues ao meu desejo
como um ramo de astros.
Amo o amor e não apenas tua beleza;
amo a árvore e não apenas os frutos.

20. E o homem não deixou de ser árvore e semente.
A mulher não deixou de ser terra e sombra.
O homem não deixou de ser vento e relâmpago.
A mulher não deixou de ser rosto, mágoa, remanso.

O mar é um pássaro que canta na minha vidraça.
Mas a mulher não deixou de ser música, terraços,
arquipélago de pássaros.

21. Aurora, não vês esta sombra

que caminha para ti, esta sombra
que se avizinha de ti, esta sombra?

Não vês esta mulher
sem rosto e sem pátria
que caminha para ti, esta mulher
que deseja coabitar contigo?
Esta mulher?

Donde o rumor? Donde a mulher?
Donde estas chagas alimentadas
de febre?

Donde a mulher? Donde estas chagas
tão vivas?

Eu te amo e nada será encoberto.
Donde estas chagas tão vivas?
22. Não é tempo de piedade, nem de palavras.
Não é tempo de silêncio, nem de palavras.
Não é tempo de searas.

As palavras são gastas
e os pensamentos transcendem as palavras.
A Geração da Terra está farta de palavras.
A Geração da Terra está farta de pensamentos.
É tempo de amor, amada.
É tempo da Geração da Terra!
23. Eu te quero, Geração da Terra,
como um rosto que afagamos exaustos.
Eu te quero como um rosto de esposa

      ao meu lado,
      violada, ensangüentada ao meu lado.
      Eu te quero, Geração da Terra,
      de esposa morta ao meu lado.

24. Eu te quero íntima,
    como se tudo pudesse ser atingido num momento
    e a felicidade nos deslumbrasse apenas um
    momento. Então seríamos saciados
    e poderíamos rolar como pássaros
    implumes nas estações.

25. Habitaremos o mar.
    À sombra das marés
    os caranguejos verdes, as ostras
    e os caranguejos verdes
    se arrastarão nas rochas de ferro.
    Sonhos de ferro se arrastarão
    nos flancos da memória.
    Pássaros de ferro.
    Tudo será férreo
    na memória verde.

    Aurora viva
    na memória férrea.
    Aurora que separa
    o céu da noite clara.

    Aurora que separa
    a máscara do rosto.

Que fazer dos relâmpagos, amada?

Aurora sensitiva
sobre o muro,
aurora sempreviva
sobre o muro.

E a lágrima no rosto.
26. Aurora sobre as guerras, os ódios, as guerras.
Aurora sobre os donos da terra,
os donos dos homens
e as aves do céu se assustarão,
os demônios se assustarão
e as nações se acercarão do sol
como de um profeta.

Aurora derrubará a noite
com patas plumadas
e a lágrima no rosto.
27. Ai, a lágrima no rosto
seca o rosto
e a lembrança da lágrima
contrai
mas não bebe nem verte.
Dói o rosto.
(Ai, a lágrima no rosto).
28. Amada, eu te quero íntima como a morte.
O amor é a intimidade contigo
e a morte é a intimidade do amor.

E entre o amor e a morte
paira um jardim de angras.

Tu és o meu jardim
e eu poderei descansar.
Meus olhos amanhecem.
De repente a noite
se desnuda no teu corpo
com menstruações
de córregos e albas.

29. Esqueci-me do julgamento dos homens
porque existia o amor.
Esqueci-me do amor para pensar na morte,
porque a morte és tu
e não posso pensar no amor
sem pensar na morte.

O sol é nossa morte, amada,
o sol é nosso amor
e na árvore do sol
os homens se agasalham.

30. O amor é fogo que desceu à terra
e todos anunciarão o fim dos tempos,
o fim de todos os tempos.

O amor é fogo que desceu à terra.
Bem-aventurados aqueles que beberam deste fogo,
bem-aventurados aqueles que morreram deste fogo
porque não conheceram a morte,

nem a angústia que nasce da morte.
E as gerações os chamarão
bem-aventurados para sempre.

31. Quem poderá murmurar
que não és minha terra?
Mas eu te quero íntima na morte.

Quem poderá te dizer que não és os vinhedos,
o bosque, a casa de persianas amarelas?
Mas eu te quero íntima na morte.

Quem poderá te dizer que não és a poesia?
Mas eu te quero íntima na morte,
porque a morte é minha casa de campo
e o julgamento é a colheita das vinhas.

O bosque contém todas essas coisas,
a morte contém todos estes bosques,
campos, vinhedos.
E dentro de cada homem
existe uma casa de campo
e uma messe de sombra

32. Amada, a morte existe.
Mas eu te quero íntima na morte.

33. Mas eu te quero íntima,
eternidade lúcida, salobre.
Eternidade pássaro,
frutífera.

Mas eu te quero íntima.
Eternidade salva,
florealva.

Eternidade líquida,
selvagem. Eternidade.
Mas eu te quero íntima.
Eternidade alva,
marialva.
Eternidade.

Mas eu te quero íntima na morte.

SEXTO CANTO.
INVENÇÃO NO CAOS.

1. Não encontro a palavra
    (e a palavra não me encontra).
    Não encontro a palavra,
    mas não posso inventar Deus.
    Não encontro a palavra.

    Quisera tanto encontrá-la,
    não encontro a palavra.
    Revesti-la de doçura,
    não encontro a palavra.
    Ou de metal esmagá-la,
    não encontro a palavra.
    Sobre os teus lábios tardios
    não encontro a palavra.
    Que fazer para encontrá-la?

    Não encontro a palavra
    (e a palavra não me encontra),
    capaz de incendiar a noite,
    capaz de incendiar os homens
    dentro da noite, a palavra.
    Que fazer para encontrá-la?
    Capaz de mover a noite
    dentro da noite, a palavra
    fustiga o rosto, a palavra

arde no sangue, a palavra
raspa, fustiga, arrebata.
Rompe as origens, irrompe
de vozes a madrugada.

Mas não encontro a palavra.

2. Deus não se inventa, se encontra.
Deus não se encontra, se perde
dentro de Deus, labirinto
de lonjura e de tabaco.

Deus abstrato
sob a lua de basalto
sob a lua de coralto
e de tabaco.

Deus é Deus
e os homens somos nós,
teorema de vertentes
para a foz.
E a conclusão:
é ter a noite
em nós.

3. Deus é feroz
contra si mesmo.
Nunca contra
nós que nada
somos. Nunca
Deus se encontra.

Nunca encontra
o fio de sua
outra ponta.
Esponta
mas não se encontra.
Desponta
mas não se encontra
a palavra
que invente
a tarde. Retarde.
Deus põe
a tarde
e se encontra.

4. Deus concreto.
Deus circunscrito
na tarde, inconcreto
no vento.
Deus operário
fabrica chuva
na tarde, fabrica
nuvem, fabrica
noite na tarde.
Mas teu ofício
não tem princípio
nem fundo.

Deus precipício
de cidra e chumbo.

Deus sobre o campo
com olhos de trigo,
pisando no orvalho
que a noite leva consigo.
Mas teu ofício
não tem princípio
nem fundo.

Com terra nenhuma
nos olhos de espuma,
com terra na boca de espuma:

Deus.

5. Tu és o meu princípio,
o sol, a chuva, a noite.

Eu te afirmo; tu me esmagas.
O sol, a chuva, a noite
se não me refletissem, morreriam.

Eu te afirmo, tu me esmagas.
O sol, a chuva, a noite
se não me refletissem morreriam.

Tu és a cidade e o meu princípio,
a terra, os bichos e as flores.

Tu és o não-limite, o campo
de vertigem. Mas o princípio brota
e não resguarda
o éter primitivo e não

resguarda
a transumância verde.

Deus no éter
entre as consoantes e vogais,
entre as palavras virgens
no teu corpo.

Deus no éter.

6. Quem revela nosso rosto?
Quem revela nosso esforço
de sorrir para os que passam?
Quem te revela no rosto
que escondes dentro do rosto?
Mesmo que a vida te baste,
quem te revela e não nasce?
E no exercício da morte
não se desgasta, renasce?

7. E nós homens, somos efêmeros.
Deus no túnel
implume. No túnel
compacto. Deus
e o fato
de ser Deus
num túnel abstrato.
Deus entre o limite e o salto
e além do salto.

Somos efêmeros.

Deus se espanta
no seu reino
de artérias e plantas
e o bulício do mundo
se levanta
como uma espada branca.
Sobre o mundo.

Somos efêmeros.

8. Não resistimos ao silêncio
funâmbulo, medonho
mas completo. Não
resistimos ao silêncio
fechado em si mesmo
como um cofre.
Não resistimos.

Nem nos redimem
o vôo das gaivotas,
a voz entrecortada
dos córregos, das árvores,
das fontes. Não resistimos
ao repouso,
com seu povoado
de camélias.

Não resistimos à fuga
nos aviões, nos trens,
nos automóveis

de espáduas espantadas
e soberbas. Com rodas
de borracha e ruído
a morder o espaço
e as ruas. Com rodas
de borracha e ruído
a morder o espaço
e as ruas. A morder
o silêncio como a polpa
de um fruto que apodrece.

9. Deus é Deus
e os celeiros.
Mesmo que o cume
dos montes não seja
de pluma e a terra
ceda a terra
para o abismo.
Deus é Deus.

E os homens
somos nós
dentro de Deus.

10. Aos homens o espaço verde no espaço.
Aos homens o espaço verde no espaço.
Há sempre o espaço verde
para os que andam ou esperam.
Há sempre o espaço verde
sob o túnel. Há sempre

o espaço verde
para os que têm sede.

Há sempre um campo verde
no deserto, há sempre
um campo verde sobre as rochas,
há sempre um campo verde
junto ao monte, há sempre
um rosto verde.
Deus é verde.

No entanto, não somos verdes para o espaço
que amadurece em nós e nos separa
do tronco da linguagem, para o chão
e o limite que nos prende no limite
deste arco de espera.

11. A nossa dependência com a vida
é sermos lúcidos e loucos.

A nossa dependência com a vida
é sermos homens, com todos
os nomes, pronomes, estrelas.

Somos o lado real de tudo,
como se tudo pudesse ter um lado,
um flanco aberto.

Não somos anjos,
nem Deus

SÉTIMO CANTO.
HOMEM NO CAOS.

QUINTO CANTO

HOMEM NO CAOS

1. Vim para te anunciar
   e não estavas.
   As mãos sobre o teu nome
   na rocha.

   Vim para te revelar
   e não estavas.
   Silbion de gerânios
   no silêncio e amargo.

   A tua mensagem
   na boca dos ventos
   "Silbion",
   no ventre das águas,
   "Silbion",
   iluminado pelo mar.

   Quem poderá recuar
   os limites da noite?

   E a noite soldará
   nossos despojos.
   Além da noite,
   o amor.

   Vim para te revelar
   e não estavas.

Porém, a ausência
tornou a dúvida longa
e os dias longos
e a morte longa.

Cheguei a contemplar
lá onde os rios não chegam,
as florestas não cantam
e a primavera jorra.

A visão do real
amadurece o campo.
Mas o campo real
só se estende na morte.

2. Desce da morte e vem!
Já não podemos suportar.
Os ombros recurvados,
os homens recurvados.
E a verdadeira paz
brilha entre os mortos.

Vem.

3. Desce da morte.
Estreita o horizonte ao peito
como uma estrela violenta,
murcha o horizonte contra o peito
como flor violenta.

E olha as casas
brancas e negras,

     as ruas brancas e negras
     e além o abismo.
     Rola no abismo, sangra.
     Carneiro entre as pedras,
     carneiro na relva, carneiro
     de pedra na pedra,
     o mar na pedra.

4.   As pedras crescem, as águas crescem
     e avançam sucessivamente.
     As águas se arremessam contra as pedras
     e cantam canções de relâmpagos e escuma.
     As pedras resistem.

     Passa o mar entre as pedras,
     as estações, o vento, o mar.
     As pedras resistem.

     As águas rasgam as pedras,
     sangram. As pedras resistem.
     Até que as águas descubram
     a chave das pedras e entrem
     nas pedras.
     Resistem.

5.   Nasce o mar entre as pedras.
     O limite do mar entre as pedras.
     Nós amamos o mar
     entre as pedras. Nos amamos
     no mar. Além da morte,
     o mar. Nos amamos

        na morte. Nascemos.
6.   Todo retorno é tempo em fogo,
        dardo, rochedo em ponta,
        dardo que arrebata
        a inocência do mar.
        E o teu conhecimento, fruto
        de pássaros no éden.

        Os tambores retumbam do desterro
        com sua música de tigres.
        No aroma do teu sexo
        ninfas dormem e as serpentes
        se movem violentas
        em teu bosque de sárdios.
        Mas tua identidade não se mescla
        aos animais terrestres, nem aos frutos.
        Tua identidade é um estrondo de fábulas,
        de ópio, de navalhas no sono,
        de navalhas no rosto.
7.   A verdade seja dita:
        Partiremos
        e o que fomos ficará,
        estaremos junto aos dias.

        O que amar
        florescerá com as (h)eras.
        Ficaremos junto aos dias,
        nas madrugadas, na pedra.

8. Não quero queimar o teu corpo nas vagas,
ó Geração da Terra! E o amor nos entrega
e separa. O amor nos deslumbra
e separa nas dunas do céu.

Porém, não desejo saciar o teu corpo
na noite. E a morte deslumbra
e separa teu corpo do amor.

Não, não quero queimar o teu corpo
na noite.

9. Mas vou te conhecer
em plenitude. Não apenas as linhas
do equador, os pólos cardinais
e a zona triste.

Eu vou te conhecer em plenitude,
onde as vagas conclamam aos marujos
o alto mar.

10. Silbion, límpido rolas
entre as vozes
e cada vez mais límpido
fulguras. E cada vez
mais simples.
As palavras
resplandecem na noite.

11. Tu és tu, mas nós não somos
nós. A substância menor
adere ao sonho.

Nós somos outro em nós
quando sonhamos.
E lúcidos e belos
como deuses nos banhamos
na noite e ela nos vence.
12. Taciturno, convocas as águas
(nos banhamos na noite
e ela nos vence).
Taciturno, divides as águas
em teus dedos, divides
o mistério como um pão
em teus dedos de âmbar.
Taciturno, convives com as plantas,
conchas, limos.
Taciturno, convocas as águas
entre si e a noite
em relação com a noite
sobre as águas.
Cercado de milênios e gaivotas,
escreves o teu nome
sobre as águas.
13. Eu te bendigo.
Bendigo as águas desnudadas pelo vento.
Eu te bendigo, vento.
As águas desnudadas para a noite.
Eu te bendigo, noite.
Bendigo todas as noites,
bendigo todas as noites

sobre as águas e os homens,
bendigo todas as noites
com seu abismo de homens.
Não há recusa da aurora.
14. Os mortos já não escutam
o teu nome sobre as águas.
Os mortos já não escutam
a voz do tempo nas águas.
Os mortos já não escutam
as secretas ambições.
Os mortos já não escutam,
os mortos estão cansados.
Vamos deixá-los florir.
15. Na assembléia da noite,
gira o sol
para o lado dos mortos.

Na assembléia da noite,
gira o sol
para o lado dos mortos.

Entre as geleiras nuas,
brilha o sol
para o lado dos mortos.

Silbion
no ventre das águas,
na boca dos ventos.
Silbion
para o lado dos mortos.

16. Quem poderá recuar
    os limites da noite?
    O fogo é amor e rio.
    Uns se apoiarão nos outros.
    Rio de almas
    em trânsito ao mar.
    Uns sofrerão pelos outros.
    Quem poderá recuar
    dos limites, a morte?
17. Além dos ventos,
    além dos signos,
    vieste como fogo.
    E eras completo.
    Tudo se integrava
    em teus sentidos
    para o fogo.

    Conheces tantas coisas
    e vieste.
    Os cascalhos de ouro,
    os cânticos,
    as árvores.
    Conheces o amor,
    espada de olmos
    e de cidra.
    Espada.
    Conheces o amor
    junto à nascente

que envidra as sombras.
Vieste.

18. Conheces tantas coisas e vieste.
As invenções dos sábios
e os tratados de mel e ferrugem.
O conceito dos sábios
está mudo sobre as águas,
as invenções dos sábios nos espiam
com olhos de medusa iluminada.

Sabias da linguagem dos mortos
e a memória dos símbolos, dos favos,
das maçãs e dos pássaros.

Sabias como uma pedra
sobre outra pedra,
como uma pedra que se desloca
sobre outra pedra.
A aurora te surpreende
sobre as águas.

19. Não sentiste a noite nos olhos, Silbion?
A noite nos lábios, fontes nuas, panoramas,
o vento, a terra nua sobre os lábios?
A noite nos teus lábios como um beijo?
A noite no teu sangue como um plasma
de salitre e florestas; avenidas e praças
no teu sangue?

Não sentiste, Silbion,
um túnel no teu corpo

      de pássaros?
20. Nada te detém!
      É a noite no teu corpo, Silbion.
      A noite terrível no teu corpo.
      Nada te detém!
      A noite sem forma e sem corpo
      no teu corpo, Silbion.
      Nada te detém,
      nem os montes, nem a aurora,
      nem o mar.
      Nada te detém
      e te projetas
      nos redutos da noite
      (nem a noite).

      O presente
      e o futuro se entrelaçam
      em tua morte
      como um braço de fogo.
      Nada te detém.
      Nem a morte,
      nem o tempo
      como um braço de fogo.
21. Nada te detém.
      E a noite soldará
      nossos despojos.

      Vim para te revelar!

OITAVO CANTO.
CONSTRUÇÃO DO SOL.

1. Puseste em minhas mãos
   teu destino de pássaro.
   Mas só tenho diante de mim
   o tempo e a tua morte.
2. E eu farei de tua morte
   uma nova vida que há de brotar
   do tempo, das águas e da terra.
   Porque a terra é a verdadeira morte
   e a morte é a verdadeira terra.
   E nós estamos na morte
   como a vida está na terra.
3. Nós estamos na vida e não sabemos,
   porque a vida não diz "estou aqui"
   como um homem que se apresenta.
   A vida é silenciosa e humilde, seiva
   no íntimo das árvores, a vida
   penetra como um gesto. A vida,
   vento transitório
   nas estações e brilha.
4. A vida é e não sabemos
   e as dimensões da vida são obscuras
   ou brilhantes aos olhos. Mas os olhos
   como amam a vida e a procuram:

     penetram a vida e não a vêem.
     Os olhos a procuram e se quebram
     nas pedras.
5. Eu te pressinto:
     elemento de meu sangue.
     A vida em ti se forma.
     Como a noite se forma no caos,
     o dia, os astros.
     E tudo rumor de anjos
     misteriosos dentro de ti.
     E um fogo transitório
     nos liga junto ao rio.
6. A promessa arde
     como uma lâmpada.
     Como uma lâmpada
     que cresce
     dentro do mesmo beijo.
     A lâmpada devora o caos
     e nos engole.
7. Somos eternos
     e a eternidade da noite
     não nos entende.

     Nos chamam loucos
     mas não nos entendem.
     E todos os que dizem
     que nos amam,
     não nos entendem.

Que é o amor, Silbion,
　　　se não nos entendem?
8.　Somos eternos.
　　　E a minha identidade
　　　é a identidade do mar.
　　　E somos eternos
　　　como o mar
　　　que se projeta
　　　na onda e não
　　　se encontra

　　　Silbion, por que somos eternos?
　　　Quem nos fez o que somos?
　　　O mar que se levanta do mar
　　　e não se encontra.
9.　Silbion, somos eternos
　　　e é terrível ser eterno.
　　　É o sol que nos absorve
　　　e todas as coisas perdem o nome
　　　e o sentido, a cor e o aroma,
　　　para ser o que as coisas são
　　　sem cor e sem aroma diante do sol,
　　　contra o sol. Somos eternos.

　　　Povoaremos o amor
　　　Povoaremos a carne do amor.
10.　É o abraço que nos afasta do mar.
　　　O abraço nos afasta dos campos e da terra.
　　　É o abraço que nos sustenta e divide,

nos une e divide dentro do mesmo beijo.

Nosso abraço não tem vacilação
de algas celestes ou plantas submarinas.
Nos amamos e o amor não se contenta
com o tato, o aroma, o gosto.
O amor é um túnel sem saída
nem mesmo para o dia.

11. Cremos na noite, no céu, nas estrelas.
Cremos na vida e no amor.
E sempre o outro lado das coisas.
Como um condenado, vemos o mundo,
os planetas, os sistemas, as palavras e o amor.
Como um condenado, separados
por ruas, paredes, rios.

E sempre o outro lado das coisas.
Era preciso que chorássemos ou sorríssemos.
Mas nunca, Silbion, nunca desta maneira.
O rosto frio, os gestos frios
e as palavras medidas.

12. Os homens já não se entendem.
E não entendem
a fraternidade dos rios e da relva.

Não entendem as fontes, as planícies,
as ribeiras. Não entendem os homens.

13. Ó Geração da Terra,
   eu te proponho um amor

que não depende de palavras!
E inventarei palavras
que não se ouviram. E símbolos.
Ninguém fará recuar a minha estrela,
nem a morte. Mas te proponho
um amor que não depende
de palavras.

14. A vida não tem coexistência
com as árvores e a terra
e ao mesmo tempo a tem.
Como uma lâmpada depende da chama.
Depende do mar.

E o caos é habitado, erosão
de fragas e de barcos.
A neblina protege nossos corpos
e uma obscuridade longe-longa,
tal um anjo se levanta de outra
margem de ti. Mas não tem parentesco
contigo, nem parentesco com a noite.

15. Ó Geração da Terra,
o reino não é desta terra,
a vida não corre com os rios,
no entanto, os elementos te obedecem,
os ventos, as tardes te obedecem.

16. Não pertences a nada.
Não pertences a esta terra,
não pertences a estes rios

e te vem um sabor universal
de peixes e árvores.

E te sentes universal
como os astros e a noite.
Não pertences a este reino,
nem aos astros, nem à noite.
Porque aqui não há amor,
amada, só há noite.

17. Convocas os pássaros para o reino,
convocas as flores, os arroios,
os prados, as árvores para o reino.
E o nosso limite se estabelecerá
no teu limite, floresta
sobre o mar.

18. E a vida incendeia tua floresta
com símbolos, com a força do sangue
e o pavor dos dias iguais, o desconsolo,
o frio, o mesmo jogo
de crianças alegres, o brinquedo
dos dias, dos minutos, o segredo
de teus contornos líquidos e leves,
o pardal de um beijo sobre a tarde
em ti, o sexo em ti, enrodilhada estrela
de teu corpo — a vida —
onde pinheiros e álamos deliram
e é o princípio do dia.

19. Mas és livre

E eu te habito por isso
como o sol habitou a terra.
E o sono desprendeu-se da terra;
o sol desprendeu-se da terra.

Eu te amo por isso
e não te apoias em palavras.
As palavras murcham no vazio,
as palavras desplumam-se nas águas.

As palavras devoram.
20. Poderia devorar as palavras
de teu rosto, as palavras que sobem
no teu rosto. Poderia
espantar as palavras de teus olhos.
Poderia amarrar-te no arco-íris
de palavras. Poderia
fazer com que os rios te seguissem
e os abismos te amassem.
Poderia aprisionar-te dentro
das palavras ou talvez libertá-las
no desejo como numa sala.
Poderia falar-te sem palavras
com mágicas incríveis e sinais
de aves, claves, vôos.
21. A vida nos absorve, nos confunde
e os homens na noite, saturados do dia,
das horas, das máscaras, os homens
recordam a miséria, a humilhação,

o amor roto por tigres, a idéia assassinada
sobre a mesa, o tédio contra o céu,
o bem e o mal numa cisterna. A vida
nos confunde, nos absorve.
22. É natural que os homens não recordem
o que a noite recorda. O que as árvores
recordam nas árvores, o córrego
não recorda. O que as águas recordam
nas árvores, os ventos não recordam.

Que dizem os ventos nas árvores?
O tempo vai separar as árvores e os frutos.
Que dizem os ventos nas árvores?
O tempo vai separar os números, os ventos,
os minérios, o mar. Vai separar o tempo.
23. É natural que os homens
não recordem o tempo
a separar a terra, o início
das fontes, o início da noite.
A separar os ventos
que traçaram teu corpo
sobre a terra, entre cometas
e búzios. A separar a terra
e indo-vindo as gerações
em círculo imortal e nebuloso.
24. E nós nos ocultaremos
no início da terra, na pureza
original das coisas, no sabor

da vida imutável e eterna.
No sabor das estações,
dos meses e dos frutos.
25. Assinarei teu nome na névoa
— "Silbion"—. O "S" vertical
e as outras letras longas
e montanhas, flores, nuvens.
Sorrirás ao perceber teu nome
entre os pássaros e os pássaros
e dirás para mim:
"O dia se renova
e há pássaros ainda que compreendem o sol".
26. Andaremos de mãos dadas pelo campo.
Alegres, sem pensamento.
O pensamento dói, amada,
o pensamento fere. E o campo tão cristal
e os campos tão distantes.
O pensamento nos desperta os montes,
as campinas, os sinos e não podemos
esquecer alguém que caminhava
conosco pelo mesmo caminho, ouvindo
o mesmo sino. Ouvindo o mesmo sino.
27. É preciso que o mundo se levante.
É preciso que o mundo se levante.
E aprenda a ver o sol nas coisas.
É preciso que o mundo se levante, Silbion.
Há um novo sol

na terra nova.

Eu não creio que o mundo termine,
eu não creio que o mundo termine.
O contato do sol transforma o mundo.
O sol retorna ao horizonte novo,
ao novo céu, à nova terra, ao
tempo novo. O sol retorna
e o tempo se concentra
como um ventre maduro.

28. Bem-amada, puseste em minhas mãos
teu destino de pássaro.
Mas só tenho diante de mim
o tempo e a tua morte.

NONO CANTO.
CONSTRUÇÃO DA NOITE.

1. Vou ao encontro dos prados e das flores.
   Aos homens não encontro.
   Vou ao encontro dos montes e das tardes.
   Aos homens não encontro.
   Vou ao encontro dos ventos e dos rios.
   Aos homens não encontro.
   Vou ao encontro do amor
   e não encontro.
2. Quando encontraremos o amor, Silbion,
   o amor real, o amor que seja amor
   não de palavras? O justo amor
   se ajusta como um rio
   no teu flanco de pedra, no teu corpo.
   O amor que seja eterno, o outro amor?
   Este cansa, Silbion, este apodrece
   e nos desveste.
3. Sempre
   é sangue malva
   alva
   no teu corpo
   de lua sombra.
   Sempre
   amor
   no escuro sono.

Sempre
a vida,
sempre
a morte.
E sempre.

4. O sempre é corrosivo sobre a mármore
e vai até o gume da manhã.
Na antemanhã. Rói a espuma,
dói a pedra da aurora
se quebra.

Que será dos homens
sem a aurora, Silbion?
Sem a pedra
que os encobre?
E o sempre
que os devora?
Dói a pedra,
dói a pedra.

Ninguém ouve os homens,
nem Deus.

5. O ar e sua casa.
O ar e os homens dentro.
O ar velame nave ave
no ar e os homens dentro.

Ninguém os ouve,
nem Deus.

O ar demônio, anjo,
sangue. Verde.
O ar, com trepadeiras
suspendendo o ar,
inconcluso de homens.

Ninguém os ouve,
nem Deus.

O ar, estendido nas coisas.
Estendido nas coisas
como um vulto de vozes.

O ar, com o rosto marcado;
o ar, com olhos marcados
no ar, loiro deus
que se entrega no ar
como um vulto de vozes.

6. A pluma é mais forte que o ferro
quando amor amanhece.
O ar é mais forte que o ferro,
o ar é mais forte que o ferro
e a prisão enverdece os homens dentro.
As grades anoitecem homens dentro;
faz-se dia na prisão do vento.

E o verbo perde o tempo e o contratempo.
O ritmo a planura rompe, a escala,
as claves, os sistemas. A palavra,
fonte horizonte sopra sobre os lábios.

Faz-se dia e o dia outro jorra
e os homens jorram vinhas
no ar de pluma. Noite
sobre as vinhas. Jorra
o campo sobre a noite.
Jorra o dia.

7. O frágil é mais forte
ao contato do vento. Não se opõe
ao contato das sombras, não se opõe
ao contato do sol.
E assim se cumpre.

Ao contato do amor
cumpre-se o dia.
A terra ao contato
do ar, pluma, semente,
é canto
e a primavera noite
cumpre a vida.

8. Sempre as coisas que passam,
sempre as coisas que ficam,
sempre permaneço
como se tudo fosse
o meu começo.
Assim me cumpro.

Sempre ao contato do amor
me cumpro, sempre
ao contato com o dia, a noite,

o vento me cumpro, sempre
ao contato da morte
mais me cumpro
do que a aurora.
Me cumpro.

9. Nada tenho.
Quebrem-me os ossos e façam uma bandeira
quebrem-me os ossos e façam uma bandeira.

Nada tenho,
nem ossos nem bandeira.
Minha terra não é aqui,
os ossos são de um outro mais perfeito
e o canto não é meu
mas é do outro.

Assim me cumpro,
assim me cumpro sempre.
A luz que pousa em nosso estranho rosto
não é luz mas é sombra.

A voz que faz rolar os sonhos verdes
não é sonho, é um rio
de longas crinas, lombo espesso
e os olhos aterrados de um cavalo.

10. E o mundo nos recebe em maresia e sal.
Vento de febre. Nos plantaram
na vida como trigo, arroz ou árvore.
Nos deram a inconstância
de um peixe vespertino,

a inconstância de um dorso
sobre a noite, a inconstância
da argila sobre a pomba,
tão virgem, tão espírito na carne.
A inconstância da carne violenta
com vírgulas e rosas na epiderme

Tudo cessa.
Tudo cessa na epiderme
mas o fundo é o outro lado.

11. Som luzindo na erva,
som queimando na erva.
Silbion — apenas inseto
no verde. E pássaros cegos
no verde. Silbion — no negro
verde da terra. Silbion — a vida
na terra. O canto
na terra.

Que será dos homens
sem a aurora?

Depois venham as noites,
os dias, as noites.
O povo na terra
e permanece.

12. Na terra ou no silêncio
sob a terra?

A geração dos homens

     sob a terra como águas ferozes
     sob a terra; incêndio negro
     sob a terra entre a névoa
     e a névoa sob a terra,
     rotos, cegos morcegos
     sob a terra; castelo e sal
     e sarro — a terra — e pássaros
     de terra sob a terra.
     Ninguém os ouve,
     nem Deus.

13. Ah, sob a terra, os mortos
     sob a terra, os mortos
     sob a terra. A paisagem
     dos mortos sob a terra
     seca o peso da noite,
     o peso da madrugada.
     Seca o peso da noite, Silbion;
     seca o vento da noite, Silbion,
     o vento da madrugada!

A memória dos mortos sob a terra,
os passos recolhidos na memória,
os mortos sob a terra,
os mortos sob a terra.

O soluço das túnicas e folhas.
O soluço dos lábios, das membranas.
O soluço dos ossos, das sementes.
O soluço das lendas e do ferro.

O soluço da terra sob a terra.
Os mortos sob a terra.
14. Ninguém os ouve, nem Deus.
Ninguém os ouve sob a terra fria.
E os homens machucados pela noite
com pêndulos nos olhos, pêndulos
nos lábios e nos braços, pêndulos
de terra. A água vento reconcilia
o sangue no repouso da terra.
O sangue vegetal, odores negros
descobrem o rosto sob os barcos
e os barcos com o espanto
de rostos e rostos sob os barcos.
O espanto poderoso como um joelho
dobrando a madrugada
sobre os barcos.
15. Escutai-me, pássaros de aurora!
Os homens esmagados pela terra
atormentam paisagens contra os olhos,
os lábios, contra o rosto.
Os homens como um rosto
que se apoia
entre a noite e a noite.

Escutai-me, pássaros de aurora:
na glória das espumas,
das abelhas,
na miragem de um ventre

para o amor.
16. Vereis lábios abertos sobre o mapa
das tardes, dos invernos.
E um estrangeiro reconhece a infância
entre frutos silvestres. O tempo
chove em nós tão quotidiano.
A doçura dos símbolos
não morre entre frutos silvestres.
É tempo de revolta
entre frutos silvestres!

Tudo cessa.
Tudo cessa.
Tudo cessa
na epiderme.
Mas o fundo
é o outro lado.
Mas o fundo
transparece sem o lago
sem o rio, sem os montes
de outro lado.
17. No casulo há um homem,
mas o fundo é o outro lado.
No casulo de seu tempo há um homem,
mas o fundo é o outro lado.
É o casulo onde o homem foi achado.
Mas o fundo é o outro lado.
É o terreno onde o homem foi lavrado.

Mas o fundo é o outro lado.
É a treva onde o homem foi fechado.
Mas o fundo é o outro lado.
É o silêncio de um homem soterrado.
Mas o fundo é o outro lado.
Mas o fundo é o outro lado.

É a infância que nasce sobre o morto,
é a infância que cresce sobre o morto,
é o sol que madruga no seu rosto,
é um homem que salta do sol posto
e convoca outros homens para o sonho
e mistura-se à terra e mistura-se ao sonho.

E o canto recomeça além do sonho,
além da escuridão, além do lago.
Mas o fundo é o outro lado.
Mas o fundo principia sem passado,
sem os montes, sem os barcos, sem o lago.

Tua vida verdadeira é o outro lado.
Tua terra verdadeira é o outro lado.
Tua herança verdadeira é o outro lado.

Tudo cessa
Tudo cessa,
tudo cessa,
mas o mundo é o outro lado
que começa.

DÉCIMO CANTO.
CONSTRUÇÃO DA AURORA.

*Um belo dia a morte chega
e o homem se torna eterno*

Kierkegaard. *Banquete.*

*Sur les marches de la mort
J'écris ton nom.*

Paul Éluard

1. O gesto que nos une
   é transitório. Vós gerastes
   o sangue mas eu gerei
   o barco nas ondas
   e a espuma mais durável
   do que a aurora.
2. Passarás entre as formas
   vãs, mutáveis. Passarás
   entre os montes e o vestígio
   do dia, passarás.
   E há de ficar a estrela,
   o sopro, a voz
   no vestígio do dia.
   Passarás.
3. Mas só quero abençoar as noites
   e os dias que fluíram sem sabermos.
   Eu abençôo a vossos pais e os filhos
   nascidos de outro mar
   e o vento novo que confunde
   os esposos no leito, onde o desejo
   rebenta em fogo e lua.

   E o sol confundido com a terra,
   o sal e o barro confundidos,

o sal e o sangue na manhã
que fustiga
os homens e retece
o tempo andorinha
sobre a terra.

Eu abençôo a terra
que pariu a ti, Silbion,
a ti, mesclando vagas e cores,
vagas e sons, vagas lunadas.
E a parição maior
não vem da terra,
nem das esferas.
Mas da palavra.
E quem deita
com ela.

4. Há plantas que não morrem,
semeadas pelo céu não morrem nunca.
E há plantas que não nascem
e são regadas pelos anjos.
Há plantas violentas que perecem
ao contato do sol
e há plantas puras.
Essas crescem, Silbion,
essas existem à beira da manhã
e ali resistem.

5. A terra escuta o nome do sol,
o nome brando e se estende

à espreita do horizonte e do eco.
   E o nome é verde e é fundo
   como as águas que o compreendem.
   O sol sustenta um sol maior na terra.
6. Deixemos correr as fontes com seu nome
   no seio vegetal cheio de pássaros.
   E as águas se entrelaçam ao seu nome.
   Silbion e o sol se unem.
   Amada, é o novo tempo
   que se une
   à noite sobre a noite.
7. As cadeias se desatam
   do horizonte
   e os homens, livres aves
   piarão no favo
   das ruínas.

   Com o sol, Silbion
   te alças na noite
   sob a noite.
8. E a noite é a mesma casa,
   o mesmo monte
   e o mesmo rio à beira.

   A noite se constrói
   à medida em que nascemos.
   A noite se constrói e se destrói
   na morte que sonhamos

   Mas o amor nasceu na mesma casa.

O mesmo monte
e o mesmo rio o beira.
Era uma casa,
o inferno era uma casa.
Mas o amor nasceu
do inferno íntimo,
da casa de espelhos
e janelas amarelas,
à beira da manhã,
no mesmo rio.

O inferno era uma casa
Mas o amor é mais do que uma casa,
mais que um rio.
O amor é mais que o amor.

9. Amada, apesar dos sentidos
e do aroma, a espuma está
no trigo e o teu nome
é um fruto interrompido
sobre os lábios.
A aurora está contigo.

10. E escreverei aurora nos navios,
nos bosques, nas manhãs, dentro do vento.
Escreverei aurora no horizonte,
nas tardes, nos silêncios, nas areias.

Escreverei aurora sobre os mapas,
nos cisnes, nos pássaros, nos rios.
Escreverei aurora sobre os homens,

aurora nas mulheres, nos meninos,
aurora sobre os olhos, sobre os braços.
Aurora está contigo.

Escreverei aurora com o nome de minha mãe
ou uma árvore na infância.
Escreverei aurora no murmúrio das águas,
das palavras.

Escreverei aurora de mansinho
como se diz: amada.
Escreverei aurora.

11. E a poesia é a sombra que nos espera
de um outro tempo, de um outro tempo.
É a sombra que espera
a chegada do vento.

E o vento a ama
sem fuga, sem manhã,
sem plenilúnio,
como o amante
que abraça a amante triste.
E é paixão
de altas torres,
de águias consteladas
nos cabelos acesos.

E tu, poeta, encantador
de imagens e palavras,
ensinarás tua dança de sombras,

tua dança de homens e de anjos
ao compasso do mar.

E o mar é outro.
12. E os homens não são homens,
não são anjos.
São lâmpadas humanas
que se acendem
e oscilam como lúnulas
marinhas.
13. Somos tristes, amada.
A tristeza que existe em nós
tem relva, poncho, fonte
e as mãos duras.

Nos formamos um só
dentro dos corpos silenciosos.
Um só dentro dos astros,
das infâncias, dos tempos
e o que somos confundimos
num choque de relâmpagos e asas.

Amamos e sentimos a violência
das seivas e dos sonhos,
o entrechoque do espírito
e do sangue. Nos amamos
morrendo junto à sombra
do regato. Abrasando
e morrendo como um sol

     junto ao regato.
     Morrendo para sempre,
     abrasando e morrendo para sempre.

14. Como é bom amar contigo,
     sem saber que a clemência
     dos astros nos protege.

     Nós viremos a sós, entre os dias
     e os dias. E não haverá sustos,
     nem rumores de erva.

     E tudo ficará intacto e puro no tempo.
     Nós ficaremos intactos e puros no tempo.

     E o tempo é uma cidade nova
     que se ergue entre nós dois,
     uma cidade iluminada
     entre dois corpos,
     uma cidade deslumbrada
     e nós dois mortos,
     intactos no tempo,
     intactos na morte.

     Como é bom amar contigo
     sem tempo na morte,
     amar contigo na morte,
     no campo, na noite, na morte,
     com a força dos ventos jovens
     e das carícias novas.

     Como é bom amar contigo

entre as árvores, as folhas e as folhas,
sabendo que a morte nos mantém
intactos e puros,
sem a inclinação das grandes noites,
sem a inclinação dos anjos e dos astros.
Sabendo que a morte nos reserva
o íntimo da noite.

Como é bom amar contigo.

15. O novo tempo se estenderá
sobre os vivos e os mortos,
e os vivos e mortos
estão entreligados
no sistema da aurora,
como os astros
no sistema da noite,
como os ventos
no sistema dos rios.

E o teu povo, Silbion,
será meu povo.
E o sol, um vaso
que se quebra
para encontrar
o som, a noite.
Para encontrar
o mar.

15. E o mar é outro.

TESTAMENTO DE SILBION

"Vou procurar a terra
com seu mundo.
E o vento nos despoja
do que somos
e nos dispersa amor
no chão dos frutos.

É tempo de voltar
a ser semente,
deixar que a manhã
desapareça.
E a árvore se cumpre
à sombra de outra
árvore maior.
E o tempo que nos liga,
nos desliga.
Tudo o que nos une,
nos desune
e busca solução.

Por vezes, o diálogo da terra
é estrela sobre o curso
das palavras. Entretanto
o diálogo conosco
nos confunde com os mortos

e surgimos serenos
de um orvalho que nos morde
como um lobo de alva
(que nos morde).

Por vezes, confundimos
a presença do sol com outro
sol lento e de plumas.
Então nos desvairamos
com a ternura dos ossos
e a medida para o amor.

É tempo de um amor
mais silencioso
que a tarde,
sem alarde
e profundo, pleno
de raízes e de sulcos.

Eu renuncio aos frutos.
E o verde há de estreitar-me
sob o vento. Eu renuncio
a tudo o que me afasta da terra.
E da terra há de nascer a terra
com águas, ilhas, homens,
pássaros. Eu renuncio a tudo
o que me afasta do mar
com seus andaimes, ruas, casas
e plantações de sonhos e de barcos.

Eu renuncio ao sonho
com seus barcos.

A terra há de se erguer
como um prenúncio
de anjos sepultados na manhã.

Eu renuncio aos frutos.
E vereis vossos mortos radiosos
no tempo que começa.
E o sol de plumas vivas
os levará tão longe,
para as praias amoráveis,
eternas.

E os homens na terra,
confundidos na terra.
Com o tempo deste amor:
um deus que nasce.

Só posso legar
a minha morte."

     SILBION

SOBRE O LIVRO DE SILBION

Obedecendo a uma declarada atitude épica, seus poemas estão divididos nos dez cantos exigidos tradicionalmente. Revelando desde essa estrutura formal externa a intenção de cantar a epopéia do homem, não é, porém, no plano de ação histórica que Nejar desenvolve esta poesia. Como já dissemos, situa-a num espaço alegórico que medeia entre o caos e a criação do cosmos, entre o eterno e o temporal. NELLY NOVAES COELHO (*Carlos Nejar e a "Geração de 60"*, coleção Escritores de Hoje, pág. 68, ed. Saraiva, S. Paulo, 1971).

Sem a preocupação de teorias novas, Carlos Nejar, para mim, está conseguindo mais do que esses sacerdotes bruxos, donos do espírito de vanguarda entre nós. Ele é poeta simplesmente. Faz poemas como o pedreiro faz casas [...]. Na geração de 45 não me consta ter havido nenhum poeta que se assemelhasse à Carlos Nejar quanto à linguagem e à experiência, o fogo central, não só de sua poesia, como também de sua vida. TEMÍSTOCLES LINHARES (*Poética de Carlos Nejar*, Imprensa da Universidade Federal do Paraná, Curitiba, págs. XVIII, XIX, XXVI, em parceria com ERNANI REICHMANN, 1973).

Assim a cada livro, a cada circulo que Nejar traça em torno de si mesmo, o mundo nos é oferecido renovado, vário, instável, às vezes desconhecido, inesperado [...] Agiganta-se, confunde-se com o próprio universo. OCTÁVIO DE FARIA (*Carlos Nejar. Revista da Academia Brasileira de Letras*, n.º 1, pág. 326, Rio, outubro-no-vembro de 1975).

Tenho podido acompanhar de perto a segurança com que [o poeta] vai aumentando dia a dia as dimensões de sua arte. Em menos de um ano, trabalhando duro, compôs quatro partes de um poema que terá provavelmente dez e se intitula *Livro de Silbion*. As partes escritas revelam a chama talvez mais poderosa de que já tivemos notícia aqui no Rio Grande nestes últimos anos. GUILHERMINO CÉSAR (*Poesia, em falta, Estado de S. Paulo,* S. Paulo, 18/3/1961).

Já dissemos que tudo em Nejar é dualidade. Assim sendo, ao Mar maior, correspondem outros mares, de certa maneira. [...] Porque se há um Mar maior de onde o Homem veio, também existe um Mar menor, quase individual, digamos, muito semelhante à concepção platônica e aristotélica da origem das coisas, que é levado pelo próprio em sua travessia interior. ANTÒNIO HOHLFELDT (*Mudanças,* pág. 23, ed Chronos, UCS-EST, Caxias do Sul, 1977).

É assim o *Livro de Silbion* — inesgotável, inalcançável até, como as grandes obras da literatura universal, ao lado das quais se coloca, na condição de uma das maiores criações poéticas em língua portuguesa. ERNANI REICHMAN (*Poética de Carlos Nejar,* pág. 64, Curitiba, 1973)

É um lírico puro, Carlos Nejar. Tudo para ele é natureza, céu, astros, amor e viração, aurora e pássaro [...] É um lirismo cósmico, o seu, que ainda não abraçou o mundo dos homens. O seu ponto de vista, digamos, é "sideral (ou estelar)". Daí que medite sobre o mundo e os homens com a isenção e o desprendimento de quem reside no olhar de Deus. WILSON CHAGAS (*A inteira voz, seguida de Existência e Criação,* pág. 32, ed. Grafosul-SEC, P. Alegre, 1976)

O momento central ideológico na poesia nejariana é SILBION. Até aí há, expressa ou não em poesia escrita, um ruminar obscuro, destruidor e mortífero. SILBION é a explosão. É a destruição e a criação. É o momento. A partir do nascimento — para-si de SILBION e com ele e nele nasce o sentido seu e do mundo.

Tudo lhe é imanente. No princípio era SILBION. O universo poético que é afinal o mais profundo, o mais genésiaco, o verdadeiro universo do homem vem depois dele e é nele. E se a linguagem poética é única que toca a vida, a poesia nejariana absorve em si o pulsar obscuro do eu-imanente-criador, capta a construção orgulhosa do homem no mundo. ISABEL CLEMENTE (Jornal *Correio do Povo,* Porto Alegre, 20/10/1973).

Parece estar surgindo entre nós o primeiro grande épico, no sentido de catalisador da experiência humana [...] Embora contagiado pela aura comum dos grandes mestres, Nejar se instala em nossa literatura a partir de uma linguagem individualíssima, que expressa, conscientemente, um mundo próprio. Sua técnica elaborativa trabalhada com extenuação, molda o instrumento lingüístico à feição de um pressuposto motor que, arrebatado por sua intuição, impulsiona o poema, como um dínamo, transcendendo pelo fogo da palavra, toda a idéia propulsora, não só a transformando como, ainda, a recriando em volume e conotação. SÉRGIO RIBEIRO ROSA (*Pão da Palavra,* no prelo).

Afirmamos atrás que Carlos Nejar era um poeta da negatividade — e com persistência, como por fidelidade a um dado insuperável que em nenhum momento se poderá esquecer ou trair [...] Um inventário completo e um registro verdadeiro de tudo quanto diminui, desgasta, corrói, degrada e aliena o homem, reduzindo-o à condição que vimos ser identificada à das pedras. A lucidez nejariana requer a permanente confrontação com o negativo, desafiando as tremendas forças que desumanizam o homem. ANTÔNIO RAMOS ROSA (*A poesia moderna e a interrogação do real,* II, págs. 59, 61, Editora Arcádia, Lisboa, 1980).

Impresso pelo Depto Gráfico do
CENTRO DE ESTUDOS
VIDA E CONSCIÊNCIA EDITORA LTDA
R. Santo Irineu, 170 / F.: 549-8344